Sudesh Pahal

Análise de Handover para diferentes modelos de propagação móvel

Sudesh Pahal

Análise de Handover para diferentes modelos de propagação móvel

ScienciaScripts

Imprint
Any brand names and product names mentioned in this book are subject to trademark, brand or patent protection and are trademarks or registered trademarks of their respective holders. The use of brand names, product names, common names, trade names, product descriptions etc. even without a particular marking in this work is in no way to be construed to mean that such names may be regarded as unrestricted in respect of trademark and brand protection legislation and could thus be used by anyone.

Cover image: www.ingimage.com

This book is a translation from the original published under ISBN 978-3-659-85253-4.

Publisher:
Sciencia Scripts
is a trademark of
Dodo Books Indian Ocean Ltd. and OmniScriptum S.R.L publishing group

120 High Road, East Finchley, London, N2 9ED, United Kingdom
Str. Armeneasca 28/1, office 1, Chisinau MD-2012, Republic of Moldova, Europe
Printed at: see last page
ISBN: 978-620-8-36579-0

ÍNDICE

LISTA DE ACRÓNIMOS 2
PREFÁCIO 3
CAPÍTULO 1 4
CAPÍTULO 2 12
CAPÍTULO 3 17
CAPÍTULO 4 25
CAPÍTULO 5 31
CAPÍTULO 6 42
REFERÊNCIAS 43
APÊNDICES 45

Dedicado aos meus queridos pais, ao meu marido e aos meus adoráveis filhos Kushagra e Ivaan

LISTA DE ACRÓNIMOS

BS- BASE STATION
MS-MOBILE STATION
AP-ACCESS POINT
RSS-RECEIVED SIGNAL STRENGTH
HHO-HARD HANDOFF
SHO-SOFT HANDOFF
VHO-VERTIVAL HANDOFF
WLAN-WIRELESS LOCAL AREA NETWORK
MN-MOBILE NODE
QOS-QUALITY OF SERVICE
GPS-GLOBAL POSITION SYSTEM
FFT-FAST FOURIER TRASFORM
WMN-WIRELESS MESH NETWORK
WIMAX-WORLDWIDE INTEROPERABILITY MICROWAVE ACCESS
RSSI-RECEIVED SIGNAL STRENGTH INDICATION
BER-BIT ERROR RATE
ECC-ELECTRONIC COMMUNICATION COMMITTEE
FFT- FAST FOURIER TRANSFORM
FSL -FREE SPACE LOSS
FWA- FIXED WIRELESS ACCESS
GIS -GRAPHICAL INFORMATION SYSTEM
PL -PATH LOSS
SISP- SITE SPECIFIC
SNR- NOISE TO SIGNAL RATIO
SS -SUBSCRIBERS STATION
UHF- ULTRA HIGH FREQUENCY
UMTS- UNIVERSAL MOBILE TELECOMMUNICATION SYSTEM
VHF- VERY HIGH FREQUENCY

PREFÁCIO

Atualmente, o sistema de acesso sem fios de banda larga (BWA) tornou-se uma tecnologia sem fios popular e é cada vez mais aceite como um sistema sem fios. O sistema sem fios tem um potencial de sucesso nas condições de linha de vista (LOS) e de não linha de vista (NLOS) que funcionam com frequências diferentes. A estimativa da perda de percurso é muito importante na implantação inicial da rede sem fios e no planeamento das células. Estão disponíveis numerosos modelos de perda de trajetória (PL) (por exemplo, modelo Okumura, modelo Hata) para prever a perda de propagação, mas tendem a limitar-se às bandas de frequência mais baixas. A propagação de rádio é essencial para as tecnologias emergentes, com estratégias adequadas de conceção, implementação e gestão de qualquer rede sem fios. É específica do local e pode variar significativamente em função do terreno, da frequência de funcionamento, da velocidade do terminal móvel, das fontes de interface e de outros factores dinâmicos. A caraterização exacta do canal de rádio através de parâmetros-chave e de um modelo matemático é importante para prever a cobertura do sinal, as taxas de dados alcançáveis e os atributos de desempenho específicos de esquemas alternativos de sinalização e receção. São analisados e comparados modelos empíricos de perda de trajetória para macrocélulas, tais como os modelos de perda de trajetória livre, Hata Okumura, COST 231 Hata e ECC 33. A intensidade do sinal recebido é calculada em função da distância para determinar o modelo que pode ser adotado para minimizar o número de transferências e evitar o efeito de ping pong.

Este livro propõe um estudo comparativo de diferentes modelos de propagação, como o modelo Okumara-Hata, o modelo COST 231 Hata e o ECC-33, para calcular a perda de trajetória em auto-estradas e zonas urbanas entre Bhubaneswar e Cuttack. Foi efectuado um estudo comparativo com medições em tempo real obtidas da Bharat Sanchar Nigam Limited (BSNL), uma rede sem fios baseada em GSM para Bhubaneswar e Cuttack. Deve ser proposto um modelo empírico adequado para diferentes ambientes. Calcular também a intensidade do sinal recebido para cada ambiente segundo os três modelos e calcular a probabilidade para cada caso.

CAPÍTULO: 1

INTRODUÇÃO

1.1 INTRODUÇÃO

A comunicação sem fios é um dos sectores de crescimento mais rápido do mundo. Consequentemente, tem atraído os meios de comunicação e a imaginação dos utilizadores. Os sistemas celulares estão a crescer exponencialmente de dia para dia e existem atualmente cerca de dois mil milhões de utilizadores de telemóveis em todo o mundo. De facto, o telemóvel tornou-se uma parte importante da vida quotidiana na maioria dos países desenvolvidos. O advento da Internet alterou a forma como comunicamos e partilhamos informação. Não menos importante foi a omnipresença da telefonia celular em todo o mundo, especialmente nos países menos desenvolvidos. Está a surgir um novo paradigma que promete juntar estas duas tecnologias, um advento que pode representar oportunidades de negócio e uma melhor qualidade de vida no mundo subdesenvolvido. As tecnologias que estão preparadas para provocar estas mudanças foram classificadas como Worldwide Interoperability for Microwave Access (WiMAX) ou Long Term Evolution (LTE), sob a égide de especificações propostas como para além de 3G ou 4G. Embora estas especificações ainda não tenham sido claramente definidas, um ponto comum nestas fases é a banda de frequência em que estas tecnologias específicas podem ser implantadas. Por conseguinte, é vantajoso compreender o modo como o canal se comporta em diferentes ambientes, a fim de implantar estas novas redes da forma mais económica e eficiente possível. Além disso, as WLAN provaram ser atualmente um substituto das redes com fios em muitas casas, empresas e campus. Muitas novas aplicações, incluindo redes de sensores sem fios, auto-estradas automatizadas, fábricas, casas inteligentes e electrodomésticos, estão a passar de ideias de investigação a sistemas concretos. O crescimento explosivo do sistema sem fios, juntamente com a proliferação de computadores portáteis e palmtop, indica um futuro brilhante para as redes sem fios, quer como sistemas autónomos quer como parte de uma infraestrutura de rede mais vasta. A visão da rede de comunicações sem fios como suporte do intercâmbio de informações entre pessoas ou dispositivos é a fronteira das comunicações das próximas décadas. No entanto, há muitas questões técnicas em aberto na conceção de redes sem fios que proporcionem o desempenho necessário para suportar aplicações emergentes. Este livro analisa a comparação de três modelos diferentes com o cálculo da perda de trajetória para zonas urbanas e auto-estradas. Além disso, calcula a intensidade do sinal recebido (RSS) da estação de base com ruído e sem ruído para a mesma área.

Abordamos este problema através de um estudo comparativo de diferentes tipos de modelos de perda de trajetória. Utilizando estes modelos, podemos medir o RSS, o que ajuda a decidir a transferência.

A propagação do canal sem fios pode ser caracterizada como desvanecimento em grande escala e em pequena escala. O desvanecimento em grande escala diz respeito às caraterísticas espaciais dos canais. Os modelos básicos de propagação indicam que a potência média do sinal recebido (RSS) diminui logaritmicamente com a distância. Estes modelos não têm em conta a desordem do ambiente circundante que existe em diferentes locais, como edifícios e árvores. Isto leva a uma variação do sinal medido em relação à média do RSS previsto a uma determinada distância entre o transmissor e o recetor. Este fenómeno é conhecido como sombreamento log-normal. O desvanecimento em pequena escala, por outro lado, lida com as caraterísticas espaciais e temporais do sinal de rádio e descreve as flutuações rápidas da amplitude, fase ou atrasos multipercurso do RSS durante um curto período de tempo ou distância. Este livro trata exclusivamente do desvanecimento em grande escala da propagação de rádio móvel e descreve como remover os efeitos de desvanecimento em pequena escala dos dados medidos.

1.2 Antecedentes da propagação das ondas de rádio

Inclui a história e o mecanismo básico de propagação da transmissão de ondas de rádio, introduzindo também a perda de trajetória.

1.2.1 História

As comunicações de longo alcance existem há centenas de anos, remontando à utilização de sinais de fumo, batidas de tambor, buzinas e sinais luminosos. O processo de transmissão e receção de informações foi significativamente melhorado com a introdução do telégrafo e do telefone, alargando essencialmente a ligação de comunicações a todo o mundo, entre quaisquer dois pontos que pudessem ser ligados por fios.

Em 1865, James Clerk Maxwell previu que as ondas electromagnéticas podiam ser transmitidas através do espaço à velocidade da luz, o que constituiu a base das comunicações por ondas de rádio. No final do século XIX, Heinrich Hertz fez experiências com as previsões de Maxwell e revelou que as ondas electromagnéticas eram, de facto, produzíveis e detectáveis. Guglielmo Marconi continuou este desenvolvimento e, em 1895, tinha desenvolvido um sistema de radiotelegrafia que utilizou pela primeira vez em 1901 para transmitir um sinal transatlântico. As comunicações de rádio iniciais utilizavam frequências baixas e médias, mas havia necessidade de frequências mais altas para cobrir distâncias mais longas.

Desde a Segunda Guerra Mundial, as unidades militares têm trabalhado com rádios de alta frequência (HF), muito alta frequência (VHF) e ultra alta frequência (UHF). Desde a década de 1960, continuam a ser efectuados estudos para avaliar a propagação das ondas de rádio e as perdas associadas. Com o desenvolvimento de sistemas de comunicações móveis de alta frequência, tornou-se necessário compreender melhor a transmissão de frequências de rádio até cerca de 3.000 megahertz (MHz).

1.2.2 Definição de perda de trajetória:

A redução da densidade de potência de uma onda electromagnética durante a sua propagação no espaço é designada por perda de percurso. A perda de percurso contribui de forma significativa para a análise e a conceção do orçamento de ligação de um sistema de telecomunicações.

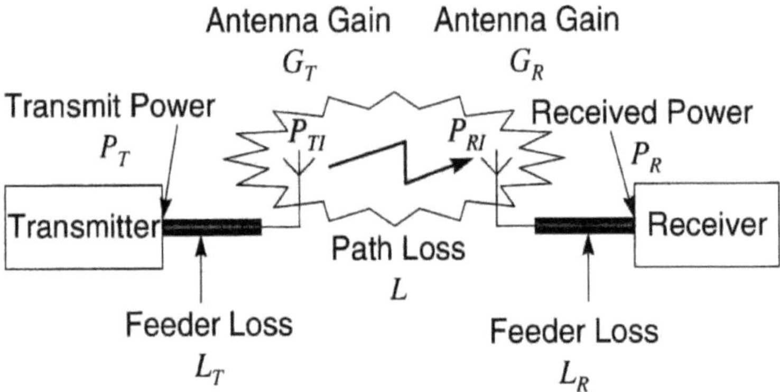

Figura 1.1: Conceito de perda de trajetória

O termo perda de trajetória é muito utilizado nas comunicações móveis e na propagação de sinais. Além disso, a perda de percurso é afetada por muitos factores, como a perda no espaço livre, a reflexão, a perda no acoplamento abertura-média, a refração, a difração e a absorção. A perda de percurso é também influenciada pelos contornos do terreno, pelo meio de propagação (ar seco ou húmido), pelo ambiente (urbano ou rural, vegetação e folhagem), pela distância entre o emissor e o recetor e pela altura e localização das antenas.

1.2.2 FUNDAMENTOS DA TRANSMISSÃO POR ONDAS DE RÁDIO

Muitos factores contribuem para a atenuação de uma onda de rádio durante a sua propagação através de um determinado ambiente. Apresenta-se a seguir uma breve descrição de alguns desses factores.

1. Perda de espaço livre

A perda em espaço livre é definida como a perda que ocorre quando um sinal viaja através do espaço, negligenciando qualquer outra atenuação causada por influências externas. Isto ocorre devido à propagação do sinal à medida que a distância entre o recetor e o transmissor aumenta.

2. Absorção

A absorção é um tipo de perda que ocorre quando o sinal passa por meios ou obstáculos variáveis. Neste processo, uma parte do sinal transmitido é convertida noutra forma de energia, normalmente térmica, e a parte restante continua a propagar-se. Qualquer material ou condição atmosférica que não seja transparente aos sinais electromagnéticos pode resultar na absorção do sinal transmitido. A conversão de energia ocorre a nível molecular, resultando da interação entre a energia da onda de rádio e o material do meio ou obstáculo.

3. Dispersão

A dispersão é uma condição que ocorre quando uma onda de rádio encontra pequenas perturbações de um meio, que podem alterar a direção do sinal.

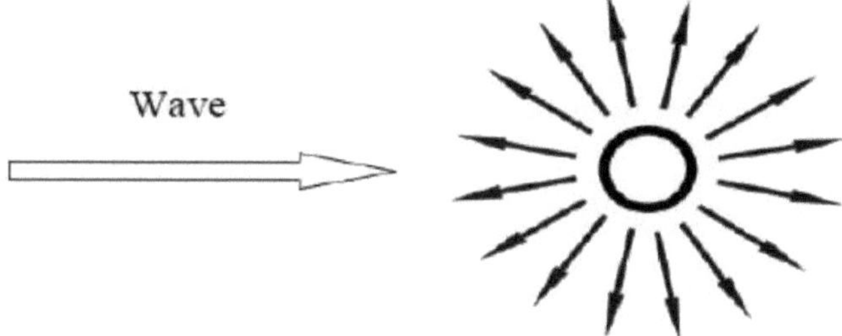

Figura 1.2: Dispersão da onda devido a um pequeno obstáculo

A dispersão de uma onda de rádio transmitida pode ser causada por determinados fenómenos meteorológicos, como a chuva, a neve e o granizo. A dispersão é aleatória na natureza do meio ou dos objectos que a provocam.

4. Reflexão

A reflexão ocorre quando uma onda de rádio penetra na fronteira de dois meios e é redireccionada para o meio original numa direção diferente, em vez de penetrar no novo meio.

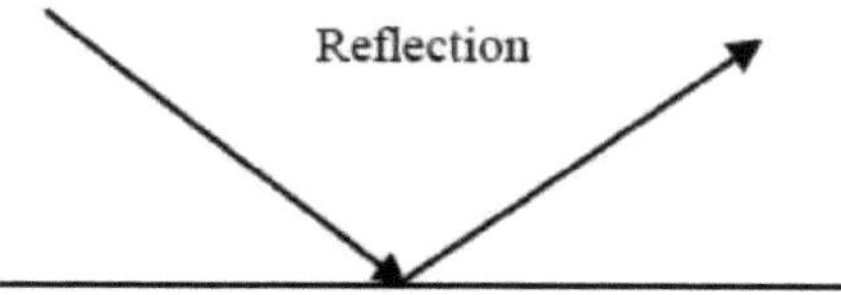

Figura 1.3: Reflexão

5. Refração

A refração ocorre quando uma onda de rádio passa de um meio para outro com índices de refração diferentes, resultando numa alteração da velocidade de uma onda electromagnética que resulta numa mudança de direção.

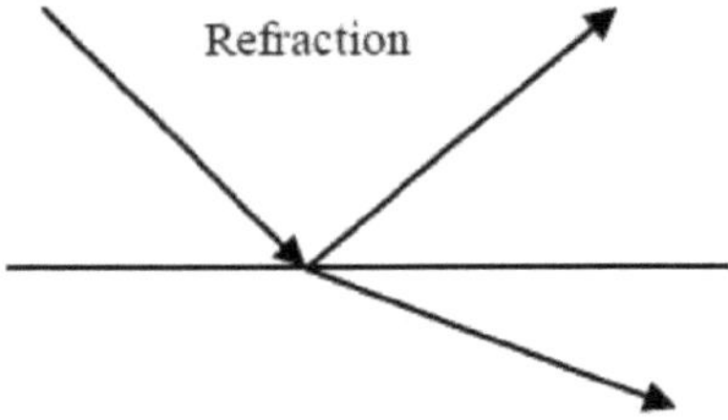

Figura 1.4: Refração

6. Difração

As perdas por difração ocorrem quando existe um obstáculo no caminho da transmissão de ondas de rádio e as ondas de rádio dobram-se em torno de um objeto ou espalham-se à medida que passam por uma abertura. A difração pode causar grandes níveis de atenuação a altas frequências. No entanto, a baixas frequências, a difração aumenta o alcance da transmissão de rádio.

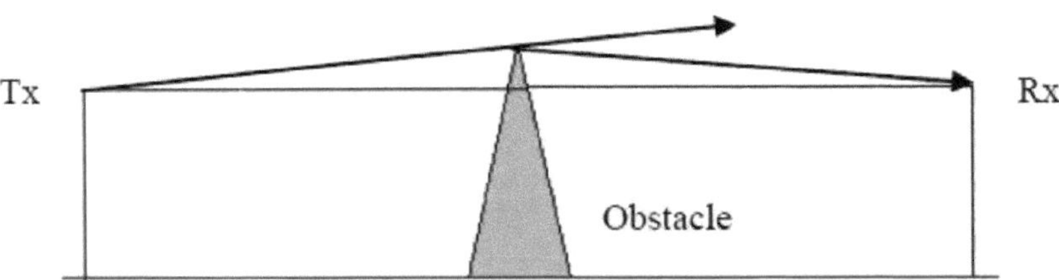

Figura 1.5: Difração numa aresta viva

7. Desvanecimento de polarização

A polarização é utilizada numa onda electromagnética para descrever a direção do vetor do campo elétrico. O desvanecimento é a variação da intensidade do sinal de uma onda de rádio e pode ser causado por uma alteração na polarização da onda de rádio transmitida. O desvanecimento pode resultar de reflexão, refração ou absorção. É um problema significativo porque as antenas são concebidas para receber uma onda de rádio numa determinada polarização e, quando a polarização do sinal é alterada, a antena recetora é incapaz de receber as alterações de polarização.

8. Desvanecimento multipercurso

O desvanecimento multipercurso é um tipo de desvanecimento que ocorre como resultado dos múltiplos caminhos que são seguidos por um sinal enquanto viaja do transmissor para o recetor. Devido aos diferentes caminhos, os tempos de chegada dos sinais também variam consoante os vários caminhos, podendo os sinais sofrer diferentes desvios de fase. Se as ondas de rádio forem recebidas em fase, a sua combinação resulta num sinal mais forte. Por outro lado, se as ondas de rádio estiverem fora de fase, é produzido um sinal mais fraco. Este tipo de desvanecimento é a principal preocupação no ambiente urbano.

9. Terreno

O terreno em que um sinal se propaga é o principal responsável pelas perdas registadas durante a propagação ao longo do seu percurso. Do mesmo modo, um terreno montanhoso ou denso pode degradar significativamente ou bloquear completamente um sinal. Além disso, a composição do terreno pode resultar numa grande atenuação, especialmente a baixas altitudes. As ondas de rádio tendem a viajar melhor em meios com elevada condutividade, como a água, em comparação com outros meios, como áreas de terra ou areia, que sofrem maior atenuação.

10. Vegetação

Para além do terreno, a vegetação também pode afetar a propagação das ondas de rádio. As árvores sólidas e densas podem causar uma atenuação significativa, mas mesmo as folhas podem causar a dispersão de um sinal.

11. Edifícios

Os edifícios e outras estruturas construídas pelo homem também podem causar degradação devido a todos os factores acima referidos e são considerados como a principal fonte de atenuação num ambiente urbano. Este estudo foi concebido para ter em conta a difícil tarefa de efetuar medições precisas das perdas causadas por estas estruturas.

12. Outras perdas

Existem muitos outros factores responsáveis pelas perdas na propagação das ondas de rádio, como as várias camadas da atmosfera que têm efeitos variáveis nos sinais, dependendo da frequência de transmissão e das caraterísticas associadas às diferentes camadas da atmosfera.

1.2.4 MODELOS DE PROPAGAÇÃO DE ONDAS DE RÁDIO

Um modelo de propagação de ondas de rádio é uma série de cálculos matemáticos derivados para prever o percurso de transmissão de um sinal e as perdas associadas num determinado ambiente, com base em parâmetros variáveis como a frequência, a distância e os obstáculos no percurso de transmissão. Os modelos de propagação são empíricos por natureza, com fórmulas derivadas de conjuntos de dados reais. Os dados recolhidos são analisados e são desenvolvidas fórmulas para ajustar as curvas de dados. Estas fórmulas só podem fornecer um ajuste exato num determinado intervalo dos dados recolhidos, resultando em limitações nos intervalos de parâmetros que restringem as previsões exactas a partes do intervalo global com valores possíveis. Os modelos são desenvolvidos para ajudar a prever as caraterísticas do trajeto e as perdas quando existe uma variedade de condições complexas que impossibilitam a medição de todos os parâmetros reais. A modelação permite a utilização de métodos de aproximação para ter em conta os parâmetros influentes abundantes e variáveis. O ambiente urbano apresenta muitas influências ou perturbações únicas na transmissão de ondas de rádio. É possível afirmar que a propagação de ondas de rádio no espaço livre é quase completamente compreendida e que as perdas são suficientemente simples de calcular e suficientemente precisas para descrever as caraterísticas de propagação. O problema que surge no ambiente urbano é a impossibilidade de conhecer ou prever todos os factores envolvidos que influenciam a transmissão de ondas de rádio, incluindo o tamanho, a forma, o espaçamento e a composição de todos os edifícios no percurso de transmissão. Através da utilização de modelação no ambiente urbano, são feitas generalizações físicas relativamente a factores como a dimensão e a forma dos edifícios, o que permite previsões mais precisas de áreas de geometria urbana mais complexa. A Figura 1.5 mostra a configuração geralmente assumida de uma cidade para a maioria dos modelos de propagação urbana.

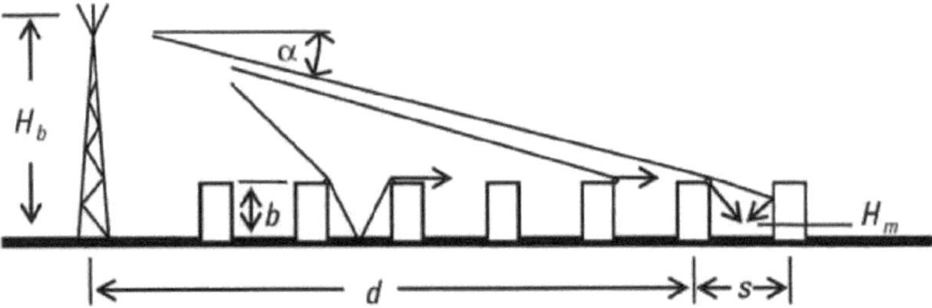

Figura 1.6 Geometria urbana generalizada utilizada no modelo

Neste exemplo, é utilizada uma altura média dos edifícios para representar a altura de todos os edifícios no trajeto de propagação (b). A altura da antena da estação de base (Hb) está acima da altura média dos edifícios, assume-se um espaçamento médio entre edifícios (s) e a antena da estação móvel (Hm) está normalmente a menos de três metros do solo, muito abaixo da altura média dos edifícios. Existem diferentes tipos de modelos e cada modelo é definido para um ambiente específico.

Tabela 1.1: Diferentes tipos de células e respetivo ambiente de trabalho

Tipo de célula	**Raio típico da célula**	**Localização**	**Altura típica de instalação da antena da estação de base**
Célula macro grande	1 km a 30 km	exterior	Acima do nível médio do telhado, todos os edifícios circundantes estão abaixo da

			altura da antena
Célula macro pequena	0,5 km a 3 km	exterior	Acima do nível médio do telhado, as alturas de alguns edifícios circundantes estão acima da altura da antena
Microcélula	até 1 km	exterior	Abaixo do nível médio do telhado
Célula Pico	até 500 m	interior/exterior	Abaixo do nível do telhado

O modelo de perda de trajetória das macrocélulas inclui modelos empíricos, modelos semi-empíricos e modelos determinísticos. Os modelos de perda de trajetória das microcélulas incluem o modelo empírico e o modelo determinístico. Os modelos de perda de trajetória das picocélulas incluem o modelo empírico e o modelo semi-empírico. Estes modelos são explicados no capítulo 3.

1.3 OBJECTIVO

O objetivo do livro é calcular a intensidade do sinal recebido e a perda de percurso entre o telemóvel e a estação de base para a área suburbana e a autoestrada a partir dos três modelos de propagação e, em seguida, utilizar o resultado para comparar os três. Desta forma, o desempenho destes três modelos pode ser analisado.

1.4 Esboço do livro

Chapter 1 inclui a história e os conceitos básicos da propagação de ondas de rádio e as várias causas de perda associadas à transmissão de uma onda de rádio através de um meio sem fios.

Chapter 2 inclui a revisão da literatura. Esta fornece pormenores sobre os princípios básicos da propagação das ondas de rádio, os diferentes tipos de modelos de propagação, a perda de percurso e o conceito de transferência, a intensidade do sinal recebido para diferentes modelos de perda de percurso.

Chapter 3 fornece informações sobre o handoff básico, os tipos de handoff, o RSS, o modelo de propagação e os tipos de modelo de propagação. Além disso, explica o problema de base que é proposto neste livro.

Chapter 4 inclui o estudo comparativo de vários ambientes de propagação sob vários modelos como o modelo Hata-Okumara, o modelo COST-231 Hata e o modelo ECC-33.

As equações que são utilizadas para calcular a perda de percurso e a intensidade do sinal recebido para zonas urbanas e auto-estradas.

Chapter 5 inclui os resultados e discute todos os resultados com uma tabela de resultados.

Chapter 6 nclui a conclusão e o âmbito futuro do livro.

CAPÍTULO 2

REVISÃO DA LITERATURA

2.1 REVISÃO DA LITERATURA

[1] Geetam S. Tomar, MIEEE e Shekhar Verma, "Analysis of Handoff Initiation Using Different Path Loss Models in Mobile Communication System" IEEE, 2006

Neste artigo, os autores propuseram que a intensidade do sinal recebido das duas estações de base fosse calculada e representada em função da distância. Foram utilizados diferentes modelos de perda de percurso para macrocélulas para calcular o RSS e, em seguida, este é calculado para determinar o modelo que pode ser adotado para minimizar o número de transferências e evitar o efeito de ping pong. A histerese é frequentemente utilizada para adiar a decisão de transferência até que a potência de uma estação de base se torne significativamente mais forte do que a das outras. A histerese adia o handoff devido ao modelo de atraso do caminho que pode atrasar o handoff. Os autores concluíram que, ao utilizar o modelo HATA, o handoff ocorre a uma distância menor do que com o modelo Walfisch-Ikegami. Enquanto que o handoff utilizando o modelo de Lee foi a maior distância. Assim, o modelo de Lee, que adia o handoff para a distância máxima, deve ser adotado para as definições de histerese.

[2] Armoogum V., Soyjaudah K.M.S., Universidade da Maurícia, Maurícia Mohamudally N., Universidade de Tecnologia, Maurícia Fogarty T., London South Bank University, Inglaterra "Comparative Study of Path Loss using Existing Models for Digital Television Broadcasting for Summer Season in the North of Mauritius" IEEE,2007

Neste trabalho, o autor propõe que a perda de percurso calculada seja comparada com outros modelos de propagação existentes, tais como Free- Space, Lee, Hata e Extended COST-231.

A intensidade de campo, a relação portadora-ruído e a taxa de erro de bits foram medidas em duas alturas de antena (4 m e 6 m) no norte da ilha Maurícia, após o lançamento da radiodifusão digital em outubro de 2005 nas bandas UHF (470 a 862 MHz). Os resultados mostram que a perda de trajetória não é constante em vários locais para uma distância constante em torno da estação de base. Este facto demonstra a irregularidade do terreno. Além disso, observa-se que, para um determinado local, a perda de percurso para uma altura de antena de 6 m é inferior à de 4 m, o que justifica a presença de efeitos de multipercurso 19

e o desvio dos resultados em relação aos valores esperados. Isto significa que a probabilidade de erros de sinal é menor a uma altura de antena de 6 m do que a uma altura de 4 m.

Os resultados mostram que o modelo Hata se aproxima mais da perda de trajetória calculada, ou seja, uma melhor concordância em zonas suburbanas. Pode observar-se que, para um determinado local, a PL para uma altura de antena de 6 m é inferior à de 4 m. Este facto é justificado pela redução dos efeitos de multipercurso com uma antena mais alta. O efeito de multipercurso é um fator que desvia os resultados dos valores esperados. É efectuada uma comparação dos resultados com os modelos de propagação existentes. Os modelos COST 231 alargado, Lee e de espaço livre não estão de acordo com os resultados obtidos na zona suburbana das Maurícias. No entanto, o gráfico mostra que o modelo Hata apresenta uma melhor concordância com os resultados calculados.

[3] Chi Ma, Enda Fallon, Yansong Qiaoz, " VOSHM: um mecanismo de transferência sem descontinuidades optimizado em termos de velocidade para redes WiMAX" School of Computing 9th. Conferência de TI & T.

Neste artigo, os autores concebem um mecanismo de transferência sem descontinuidade optimizado em termos de velocidade (Velocity Optimized Seamless Handover Mechanism - VOSHM) baseado em MIH para redes WiMAX. Em particular, os autores centram-se no evento preditivo Link_Going_Down, que se baseia num mecanismo de transferência rápida utilizando o acionamento L2. Este artigo centra-se na otimização do cálculo do valor da probabilidade de transferência tendo em conta a velocidade do nó móvel (MN). Os autores propuseram que o valor da probabilidade de handover, que é um parâmetro crítico utilizado para desencadear o evento de queda de ligação, é afetado pela velocidade do nó móvel. Este trabalho concluiu que o VOSHM pode reduzir o atraso de transferência em mais de 95% em comparação com a não utilização do gatilho Link_Going_Down.

[4] Ken-Ichi Itoh, Membro, IEEE, Soichi Watanabe, Jen-Shew Shih, e Takuro Sato, Membro sénior, IEEE, "Performance of Handoff Algorithm Based on Distance and RSSI Measurements" IEEE, 2002.

Neste artigo, os autores propuseram um algoritmo de handoff cujo desempenho é avaliado com base na distância de uma estação móvel às estações de base vizinhas e nas medições da intensidade do sinal relativo. O algoritmo efectua o handoff quando a distância medida da estação de base servidora excede a da estação de base candidata num determinado limiar e se a intensidade do sinal medida da estação de base adjacente excede a da estação de base servidora num determinado nível de histerese. O atraso médio do handoff e o número médio de handoffs são utilizados como critérios de desempenho. Os resultados obtidos neste trabalho permitem concluir que o algoritmo proposto é relativamente insensível às definições do nível de histerese e do limiar de distância. Se o desvio-padrão da distância estimada puder ser melhorado através da utilização de um método de localização de elevada precisão, como o GPS diferencial ou o GPS cinemático em tempo real, o número médio de transferências e o atraso médio das transferências podem ser ainda mais reduzidos.

[5] V.S. Abhayawardhana ,I.J. Wassell, D. Crosby, M.P. Sellars, M.G. Brown, Cambridge

Broadband Ltd., Selwyn House, Cowley Rd., Cambridge CB4 OWZ, UK "Comparison of Empirical Propagation Path Loss Models for Fixed Wireless Access Systems" IEEE.

Neste documento, um conjunto abrangente de medições de propagação efectuadas a 3,5 GHz em Cambridge, Reino Unido, é utilizado para validar a aplicabilidade dos três modelos mencionados anteriormente para ambientes rurais, suburbanos e urbanos. Os modelos de propagação empíricos têm sido favorecidos tanto na investigação como na indústria, devido à sua rapidez de execução e à sua dependência limitada do conhecimento pormenorizado do terreno. Embora o estudo de modelos de propagação empíricos para canais móveis tenha sido exaustivo, a sua aplicabilidade a sistemas FWA ainda não foi devidamente validada. Entre os concorrentes, o modelo ECC-33, os modelos Stanford University Interim (SUI) e o modelo COST-231 Hata são os mais prometedores. O modelo COST-231 Hata sobrestimou, em geral, a perda de trajetória, especialmente a maiores alturas de antena. Este facto é talvez de esperar devido ao cenário móvel para o qual este modelo é mais adequado. O modelo ECC-33 é o que apresenta a maior concordância com os resultados das medições.

[6] K.Ayyappan, P. Dananjayan, "Propagation Model For Highway In Mobile Communication System", IEEE. Os modelos de perda de trajetória para macrocélulas, como os modelos Hata Okumura, COST 231 e ECC 33, são analisados e os seus parâmetros são comparados. A intensidade do sinal recebido foi calculada em função da distância e são determinados os modelos que podem ser adoptados para minimizar o número de handoffs e evitar o efeito ping pong. Este artigo propõe um modelo de propagação para um ambiente de autoestrada entre Pondicherry e Villupuram, com um espaçamento de 40 quilómetros. A propagação de rádio é essencial para as tecnologias emergentes, com estratégias adequadas de conceção, implantação e gestão de qualquer rede sem fios. É muito específica do local e pode variar significativamente em função do terreno, da frequência de funcionamento, da velocidade do terminal móvel, das fontes de interface e de outros factores dinâmicos. A caraterização exacta do canal de rádio através de parâmetros-chave e de um modelo matemático é importante para prever a cobertura do sinal, as taxas de dados alcançáveis e os atributos de desempenho específicos de esquemas alternativos de sinalização e receção. O resultado mostra que o modelo suburbano modificado para autoestrada utilizando o modelo Hata-Okumura e COST 231 está mais próximo da intensidade do sinal recebido observada e prevê-se que seja um modelo adequado para o cálculo da intensidade do sinal recebido em autoestrada.

[7] Z. Nadir, *Membro,* IAENG , N. Elfadhil, F. Touati, "Pathloss Determination Using Okumura-Hata Model And Spline Interpolation For Missing Data For Oman" Actas do Congresso Mundial de Engenharia 2008 Vol I WCE 2008, 2 a 4 de julho de 2008, Londres, Reino Unido.

Neste trabalho, os autores têm como objetivo adaptar um modelo de propagação para Salalah (OMAN), uma vez que examinam a aplicabilidade do modelo Okumura-Hata em Oman na banda de frequência GSM. O estudo foi efectuado para a zona urbana, uma vez que as medições fornecidas pela Oman Mobile se referiam às zonas urbanas. O estudo ajudou a conceber uma melhor rede GSM para a zona urbana. A modificação será efectuada investigando a variação da perda de percurso entre os valores medidos e previstos, de acordo com o modelo de propagação Okumura-Hata para uma célula na cidade de Salalah e, em seguida, encontrando os dados experimentais em falta com interpolação spline. Em seguida, tencionam modificar o modelo de Okumura-Hata de acordo com os resultados obtidos na nossa investigação. Em seguida, verificarão o seu modelo modificado aplicando-o a outras células e concluirão os resultados. Para o efeito, foi calculado o erro quadrático médio (EQM) entre os valores de perda de percurso medidos e os previstos com base no modelo de Okumura-Hata para uma área aberta. O MSE é de até 6dB, o que é um valor aceitável para a previsão do sinal. Portanto, o modelo deu uma diferença significativa numa área aberta que permitiu introduzir as alterações necessárias no modelo. Esse erro foi minimizado subtraindo o MSE calculado (15,31dB) da equação original de área aberta para o modelo Okumura-Hata. Foram analisados os efeitos da situação do terreno prevista para 900MHz. Os resultados das medições de propagação de sinais de rádio para uma área aberta em Omã foram comparados com os previstos com base no modelo Okumura-Hata. No entanto, o modelo de propagação de Okumura-Hata pode não ser totalmente adaptado a Omã porque não há impacto de atenuação da chuva no ambiente de Omã devido à ausência de chuva. Por conseguinte, foi sugerida uma melhoria do modelo de Okumura-Hata na área aberta. Esta melhoria foi conseguida utilizando o erro quadrático médio (EQM) entre os valores de perda de trajetória medidos e previstos, a fim de fornecer um EQM suficiente para a previsão de rádio.

[8] S. Hemani, M. Oussalah, "Mobile Location System Using Netmonitor and MapPoint server" IEEE 2006.

Neste artigo, o autor propõe uma nova abordagem de baixo custo para o posicionamento móvel, bem como funcionalidades melhoradas, incluindo, entre outras, a construção de mapas. A proposta baseia-se na identificação de estações de base utilizando o software Netmonitor e a técnica de cell-identity, que utilizando o modelo de propagação tipo Hata em conjunto com o filtro de Kalman estendido, permite determinar a coordenada exacta da estação móvel (EM) em termos de coordenadas de latitude e longitude. A posição alvo resultante será avaliada em termos de exatidão, tanto em termos de matriz de variância-covariância como de erro de posicionamento absoluto em relação ao posicionamento GPS tomado como referência. Foi efectuada uma experiência no centro da cidade de Birmingham, em ambiente suburbano e urbano, comparando os desempenhos dos diferentes modelos de propagação (Hata, Hata alargado, CCIR, ECC33 e Walfish-Ikegami). O modelo Walfish-Ikegami obteve a melhor precisão com 28 metros em ambas as experiências, o que parece ser um resultado muito bom, dado que a precisão habitual utilizando a técnica TA é superior a 500 metros.

[9] Biswajit Bhowmik, Pooja, Piyali Sarkar, Nupur Thakur "Received Signal Strength Based Effective Call Scheduling in Wireless Mobile Network" International Journal of Advancements in Technology, Vol 2, No 2 (abril de 2011)

Neste documento, é introduzido um modelo melhorado de geração de filas prioritárias baseadas na intensidade do sinal (S2BPQ) para uma programação eficaz das chamadas. O modelo calcula a intensidade do sinal de um chamador móvel (MC) para colocar em fila de espera e introduz uma árvore com uma estrutura semelhante a uma pilha para a implementação da fila gerada num tempo consideravelmente reduzido. A mobilidade é o aspeto mais importante num sistema de comunicação celular sem fios. O canal associado à ligação atual (estação de base), enquanto uma chamada está em curso, é alterado. A chamada existente pode então mudar para uma nova estação de base (BS). A passagem do limite da célula da atual estação de base pelo autor da chamada móvel, também designada por estação móvel (EM), ou a deterioração da qualidade do sinal no canal atual são os principais responsáveis pelo início desta nova ligação. O desempenho avaliado deste modelo permite encontrar pontos de handoff; visualizar o comportamento da intensidade do sinal da MS na MT servidora, e minimizar o bloqueio indefinido de uma chamada através de operações de splay. Observa-se também que quanto maior a perda de caminho, mais próximas ficam duas estações rádio-base ou vice-versa.

CAPÍTULO 3

CONCEITO E TEORIA DO PROBLEMA

3.1 NOÇÕES BÁSICAS DE HANDOFF

O Handoff é o processo de mudança de canal (frequência, intervalo de tempo, código de propagação ou uma combinação dos mesmos) associado à ligação atual enquanto uma chamada está em curso. É frequentemente iniciado pela passagem de um limite de célula ou pela deterioração da qualidade do sinal no canal atual. Uma chamada em curso pode ser forçada a abortar durante o handoff se não for possível atribuir recursos suficientes na nova célula sem fios. Um algoritmo de handoff corretamente concebido é essencial para reduzir a carga de comutação do sistema, mantendo a qualidade do serviço (QoS).

Cenário de transferência

Quando um MS está a viajar da sua BS de serviço para a BS adjacente de destino, a probabilidade de handoff é geralmente concebida para maximizar no limite da célula. Em geral, o handoff inclui duas etapas:

- Iniciação
- Execução.

Na fase de iniciação, o RSS é medido de acordo com métodos baseados na propagação de rádio e, se necessário, é selecionada uma nova BS candidata. Na fase de execução, será atribuído um novo canal de rádio e a chamada será transferida para outra BS. A fase de iniciação do handoff é definida como a monitorização do canal de rádio, a tomada de uma decisão para iniciar o processo de handoff e a seleção de uma nova BS. Por conseguinte, o algoritmo de iniciação do handoff é extremamente importante. Um algoritmo de iniciação do handoff corretamente concebido pode diminuir o número de handoffs desnecessários, evitar o fenómeno do pingpong e distinguir atempadamente o handoff necessário. A maioria dos algoritmos de handoff baseia-se no RSS.

A figura 1 mostra que Δ é definido como o limiar de transferência que é o sinal mínimo aceitável para manter a chamada, se Δ for demasiado pequeno: tempo insuficiente para concluir a transferência antes de a chamada se perder, mais perdas de chamadas. Se Δ for demasiado grande: Demasiados handoffs Carga para o MSC

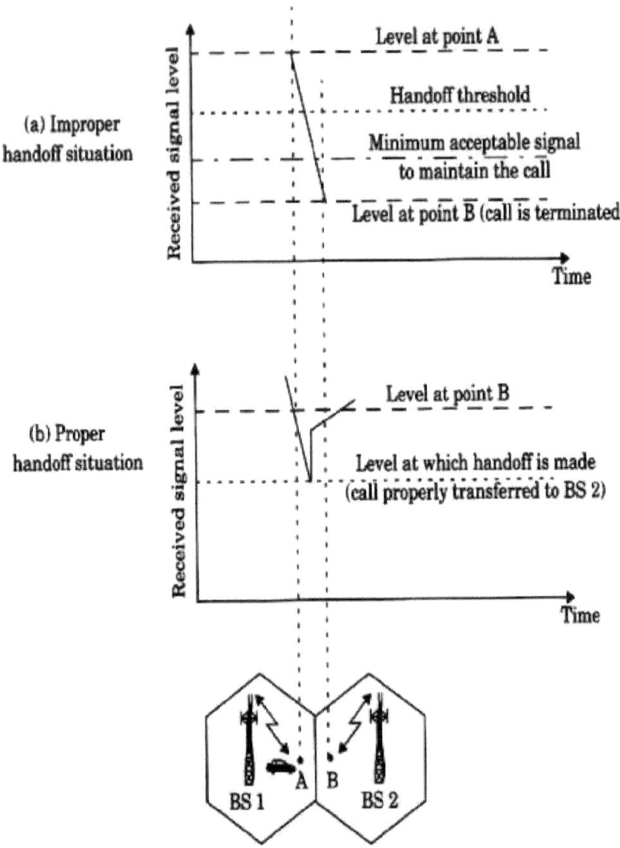

Figura 2.1: Esquema básico de handoff

3.2TIPOS DE TRANSFERÊNCIA

1. Entrega difícil
2. Transferência suave
3. Transferência intra-sistema (transferência horizontal)
4. Handoff inter-sistemas (handoff vertical)

3.2.1 Entrega difícil

No Hard handover, todas as ligações rádio antigas da EM são removidas antes de as novas ligações rádio serem ligadas. A transferência rígida é também designada por transferência convencional e tem algumas vantagens, como o facto de o utilizador não poder manter mais do que um canal em permanência e de o telemóvel não necessitar de hardware complexo para receber dois canais ao mesmo tempo. A transferência rígida foi introduzida pela primeira vez na tecnologia GSM; por outro lado, a transferência rígida tem também algumas desvantagens, como o facto de haver muitas possibilidades de queda de chamadas durante a transferência rígida, o que aumenta a probabilidade de queda de chamadas. É também designada por tecnologia break before make.

Figura 3.2: Handoff rígido

3.2.2 Transferência suave

O soft handover foi efetivamente introduzido pela tecnologia CDMA. No soft handover, o MS pode ser ligado a mais do que um canal ao mesmo tempo, sendo também conhecido como make before break (fazer antes de partir) porque mantém o canal anterior da fonte até obter o canal da célula de origem. Embora o soft handover aumente as complexidades, tem também muitas vantagens, como a elevada taxa de sucesso do hand over, a redução da probabilidade de queda da chamada e a eliminação da inferência.

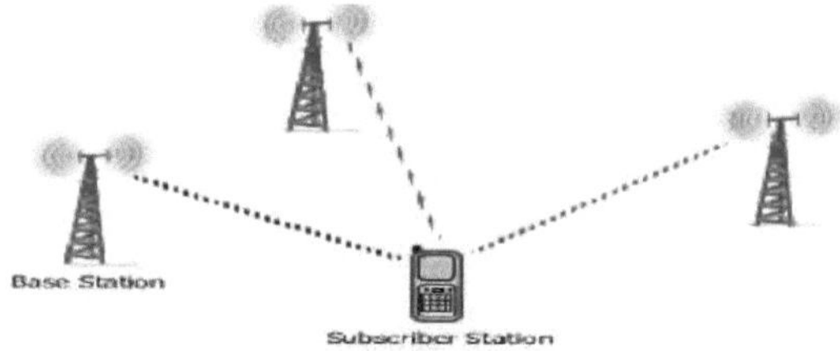

Figura 3.3: Transferência suave

3.2.3 Transferência horizontal:

O processo de transferência horizontal ou transferência intra-sistema envolve a deslocação entre dois pontos de acesso que utilizam a mesma tecnologia de acesso. Os handoffs em redes homogéneas são designados por handoffs intra-sistema. Este tipo de handoff ocorre quando a intensidade do sinal da BS servidora desce abaixo de um determinado valor limite. A transferência horizontal é o oposto da transferência vertical e consiste basicamente na transferência entre as mesmas tecnologias, por exemplo, se o utilizador estiver ligado ao UMTS, a transferência horizontal deve ser de UMTS para UMTS. Por outras palavras, a transferência de uma chamada de um canal para outro da mesma rede de base.

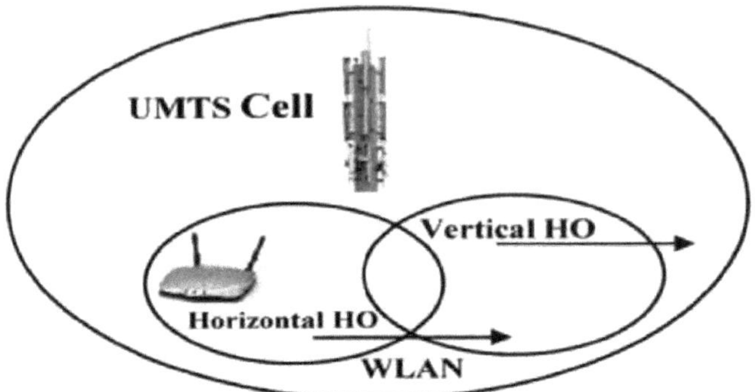

FIGURA 3.4 Transferência horizontal e vertical

3.2.4 Transferência vertical:

O handoff vertical envolve a transferência da ligação entre dois pontos de acesso pertencentes a dois sistemas diferentes. O handover vertical é a transferência da sessão de dados de uma chamada de um ponto de acesso para outro ponto de acesso ou técnica, por exemplo, de WLAN para UMTS ou vice-versa.

RAZÕES DAS FALHAS DE TRANSFERÊNCIA

- Nenhum canal está disponível no BS selecionado.
- O Handoff é recusado pela rede por razões como a falta de recursos. Por exemplo, não há ponte ou não há cartão de canal adequado; o MS excedeu algum limite no número de handoffs que podem ser tentados num determinado período de tempo.
- A rede demora demasiado tempo a preparar o handoff depois de este ter sido iniciado.
- A ligação de destino falha de alguma forma durante a execução do handoff.
- Perda de trajetória durante a transmissão

RSS (Intensidade do sinal recebido)

Nas comunicações móveis, a intensidade do sinal recebido é uma medida da potência presente num sinal de rádio recebido. A intensidade do sinal entre a estação de base e o telemóvel deve ser superior ao valor limite para manter a qualidade do sinal no recetor

3.2 PRINCÍPIOS DOS MODELOS DE PROPAGAÇÃO

Nos sistemas de comunicação sem fios, a transferência de informações entre a antena transmissora e a antena recetora é conseguida através de ondas electromagnéticas. A interação entre as ondas electromagnéticas e o ambiente reduz a intensidade do sinal enviado do emissor para o recetor, o que provoca a perda de percurso. São utilizados diferentes modelos para calcular a perda de trajetória. Serão descritos alguns modelos empíricos e semi-determinísticos para introduzir a análise dos dados de perda de percurso.

3.2.1 Necessidade de modelos de propagação

É necessário estimar as caraterísticas de propagação de um sistema através de um meio para que os parâmetros do sinal possam ser mais exactos no sistema móvel. A análise da propagação é muito importante para avaliar as caraterísticas do sinal. Para um sistema de comunicação sem fios, o sistema deve ter a capacidade de prever com exatidão o comportamento da propagação do rádio. Assim, tornou-se fundamental para a conceção desse sistema. As medições no local são caras e dispendiosas. Os modelos de propagação foram desenvolvidos como uma alternativa de baixo custo, conveniente e adequada. A modelação de canais é essencial para caraterizar a resposta ao impulso e prever a perda de percurso de um canal de propagação. Os modelos de perda de percurso são importantes para projetar estações de base, que podem ser estimadas para irradiar o transmissor para o serviço de uma determinada região. A caraterização do canal trata da fidelidade do sinal recebido. O principal objetivo do projeto de um recetor é receber o sinal transmitido que foi distorcido devido aos efeitos de multipercurso e dispersão do canal, e que irá receber os sinais transmitidos. É muito importante ter conhecimento do ambiente eletromagnético em que o sistema é operado e da localização do transmissor e do recetor.

3.3 MODELOS DE PROPAGAÇÃO

Os modelos de propagação têm-se concentrado tradicionalmente na previsão do RSS médio a uma dada distância do transmissor, bem como na variabilidade da intensidade do sinal na proximidade espacial de um determinado local. Um modelo de propagação que preveja a intensidade do sinal principal para uma distância arbitrária de separação transmissor-recetor (T-R) é útil para estimar a área de cobertura radioeléctrica de um transmissor e é designado por modelos de propagação em grande escala. Uma vez que caracterizam a intensidade do sinal em grandes distâncias de separação T-R (várias centenas ou milhares de metros). Por outro lado, os modelos de propagação que caracterizam as flutuações rápidas do RSS em distâncias de deslocação muito curtas ou em períodos de tempo curtos são designados por modelos de pequena escala ou de desvanecimento.

3.3.1 TIPOS DE MODELOS DE PROPAGAÇÃO

Os modelos de perda de trajetória podem ser classificados em três tipos:

FIGURA 3.5: TIPOS DE MODELO

3.3.1.1 ***Modelos empíricos***: Por vezes é impossível explicar uma situação através de um modelo matemático. Nesse caso, utilizamos alguns dados para prever o comportamento de forma aproximada. Por definição, um modelo empírico baseia-se em dados utilizados para prever, e não para explicar um sistema, e baseia-se apenas em observações e medições. Para conceber estes modelos, foi encontrada uma correlação entre a intensidade do sinal recebido e outros parâmetros, como a altura da antena, o perfil do terreno, etc., através da utilização de medições extensivas e de análises estatísticas. O modelo dispersivo no tempo fornece-nos informações sobre as caraterísticas dispersivas no tempo do canal, como a propagação do atraso do canal durante o multipercurso. O modelo Stanford University Interim (SUI) é o exemplo perfeito deste tipo. O modelo COST 231 Hata, o modelo Hata e o modelo ITU-R são exemplos de modelos empíricos não dispersivos no tempo.

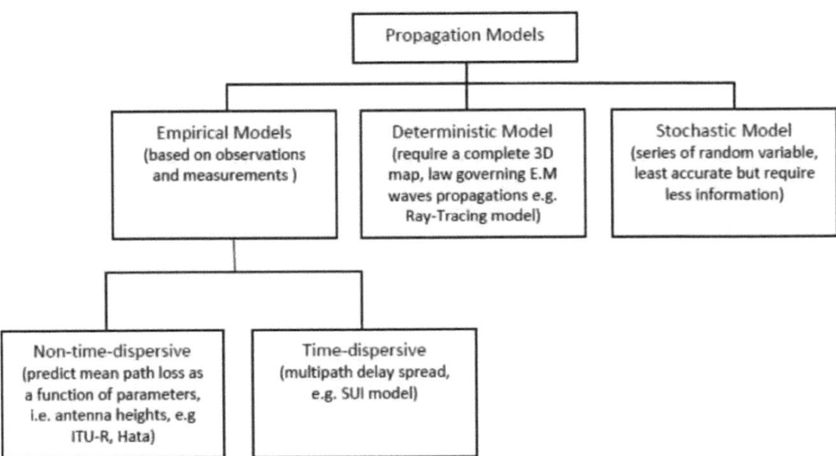

figura3.6: Categorização dos modelos de propagação

3.3.1.2 ***Determinística:*** Utiliza as leis que regem a propagação de ondas electromagnéticas para determinar a potência do sinal recebido num determinado local. Atualmente, as capacidades de visualização do computador aumentam rapidamente. Os sistemas modernos de previsão da cobertura do sinal de rádio são o modelo de propagação específico do local (SISP) e a base de dados do sistema de informação gráfica (GIS). O modelo SISP pode ser associado ao ambiente de propagação interior ou exterior como um tipo determinístico. Os projectistas de sistemas sem fios podem conceber a apresentação real dos edifícios e das caraterísticas do terreno utilizando as bases de dados de edifícios. A técnica de traçado de raios é utilizada como uma representação tridimensional (3-D) do edifício e pode ser associada a software que requer modelos de reflexão, difração e dispersão, no caso da previsão do ambiente exterior. O desenho arquitetónico fornece uma representação SISP para modelos de propagação em ambientes interiores. Os sistemas sem fios têm vindo a desenvolver-se através da utilização de ferramentas de desenho computorizado que garantem uma comparação estatística mais determinística.

3.3.1.3 ***Estocástico:*** é utilizado para modelar o ambiente como uma série de variáveis aleatórias. É necessário um mínimo de informação para elaborar este modelo, mas a sua exatidão é questionável. A previsão da propagação na banda de frequência de 3,5 GHz é efectuada principalmente através da utilização de abordagens empíricas e estocásticas.

Neste trabalho proposto, apenas são considerados modelos EMPÍRICOS, que incluem o modelo Okumara Hata, o modelo COST-231 Hata, o modelo COST 231-Walfisch Ikegami e o modelo ECC. No trabalho proposto, são considerados diferentes modelos de perda de trajetória para macrocélulas, como o modelo Hata Okumura, o modelo Cost 231 e o modelo ECC 33, que analisaram e compararam os seus parâmetros, como a perda de trajetória e a intensidade do sinal recebido.

Nos sistemas de comunicações móveis celulares, o handoff ocorre devido ao movimento da unidade móvel de uma BS para outra e, por vezes, devido a condições desfavoráveis no interior de uma célula individual ou entre várias células adjacentes. Trata-se de um serviço sem descontinuidades para os utilizadores activos durante a transferência de dados ou a realização de uma chamada, pelo que podem ser evitados os handoffs desnecessários. O hard handoff sofre do efeito "ping pong". O efeito "ping pong" ocorre quando todos os canais adjacentes do BS de serviço estão na mesma frequência. Quando os utilizadores móveis se encontram perto dos limites das células adjacentes, os handoffs frequentes provocam o efeito ping pong. Os parâmetros medidos para determinar o handoff são normalmente a intensidade do sinal recebido, a relação sinal/ruído, o QOS e a taxa de erro de bits. No entanto, pode ser utilizado um modelo de perda de percurso para aumentar a fiabilidade da ligação. Por conseguinte, a escolha do modelo de perda de trajetória desempenha um papel importante no desempenho dos handoffs. Por conseguinte, o trabalho proposto apresenta um estudo comparativo de três modelos diferentes para analisar o efeito da perda de percurso em diferentes domínios, como

> Zona suburbana: Autoestrada de aldeia com árvores e casas dispersas. Alguns obstáculos perto do telemóvel mas não muito congestionado.

- Zona urbana: Cidade construída ou grande cidade com grandes edifícios e casas. Aldeia com casas próximas e árvores altas.

CAPÍTULO 4

TRABALHO ACTUAL

4.1 COMPARAÇÃO ENTRE O MODELO HATA DE OKUMARA, O MODELO HATA DE COST-231 E O MODELO ECC-33

A perda de percurso é a redução da potência de uma onda electromagnética à medida que esta se propaga no espaço. É um componente importante na análise e conceção do orçamento da ligação de um sistema de comunicações. Depende da frequência, da altura da antena, da localização do terminal de receção em relação a obstáculos e reflectores e da distância da ligação, entre muitos outros factores. As macrocélulas são geralmente de grandes dimensões, proporcionando uma cobertura em quilómetros e sendo utilizadas para comunicações exteriores. Vários dados empíricos

foram determinados modelos de perda de trajetória para macrocélulas. Entre os numerosos modelos de propagação, os mais significativos são os seguintes, que constituem a base dos serviços de comunicações móveis.

Os modelos empíricos de perda de trajetória são

i. Modelo Hata Okumura

ii. Modelo COST 231

iii. Modelo ECC 33

Estes modelos de previsão baseiam-se em dados experimentais extensivos e em análises estatísticas, que nos permitem calcular o nível do sinal recebido num determinado meio de propagação [5, 6]. A utilização e a precisão destes modelos de previsão dependem do meio de propagação. No nosso livro, analisamos três modelos diferentes que foram propostos pelos investigadores em diferentes frequências de funcionamento até 3 GHz. Também escolhemos os nossos parâmetros para melhor se adaptarem ao ambiente de Orissa. Neste capítulo, consideramos o modelo de perda de trajetória no espaço livre, que é o modelo idealista mais utilizado.

4.2 Modelos de perda de trajetória

4.2.1 Modelo de perda de trajetória no espaço livre (FSPL)

A perda de percurso no espaço livre define a intensidade do sinal que se perde durante a propagação do transmissor para o recetor [4]. A FSPL depende da frequência e da distância. O cálculo é efectuado utilizando a seguinte equação:

A perda de trajetória no espaço livre

$$PL(db) = Gt - Gr + 32.44 + 20\log(d) + 20\log(f) \tag{4.1}$$

onde,

Gt é o ganho da antena transmitida em dBm

Gr é o ganho da antena recebido em dBm

d é a separação T-R em Km.

f é a frequência em [MHz].

4.2.2 Modelo Hata-Okumura

O modelo de Okumura é utilizado para áreas urbanas e é um modelo de propagação de rádio que é utilizado para a previsão de sinais [4]. A cobertura de frequência deste modelo situa-se na gama de 200 MHz a 1900 MHz e distâncias de 1 Km a 100 Km. Pode ser aplicado para alturas efectivas de antena (ht) de estações de base que variam entre 30 m e 1000 m. O modelo de Okumura é um modelo empírico clássico bem conhecido para medir a intensidade do sinal de rádio em zonas urbanas. Este modelo é perfeito para ser utilizado em cidades com estruturas densas e altas.

O modelo Hata é uma formulação empírica dos dados gráficos de perda de percurso fornecidos por Okumura e é válido aproximadamente na mesma gama de frequências, 150-1500MHz. Esta fórmula empírica simplifica o cálculo da perda de trajetória porque é uma fórmula fechada e não se baseia em curvas empíricas para os diferentes parâmetros. O modelo Okumara Hata é a combinação dos dois modelos anteriores.

A fórmula padrão para a perda de percurso empírica [dB] em áreas urbanas segundo o modelo Okumara Hata é dada por

$$PL(db) = A + B\ log(d) \tag{4.2}$$

onde,

d é a distância em Km.

A é uma perda fixa que depende da frequência *f*.

Estes parâmetros são dados por uma fórmula empírica.

$$A = 69.55 + 26.16\ log(f) - 13.82\log(h_b) - a(h_m) \tag{4.3}$$

$$B = 44.9 - 6.55\log(h_b) \tag{4.4}$$

onde,

f é a frequência medida em MHz

hb é a altura da antena da estação de base em metros.

hm é a altura da antena da estação móvel em metros.

a (hm) é o fator de correlação em dBm.

A altura efectiva da antena móvel a(hm) é dada por

$$a(hm) = [1.1 \log(f) - 0.7]hm - [1.56 \log(f) - 0.8] \quad (4.5)$$

O modelo de perda de percurso para a autoestrada é dado por Para sem fator de ruído

$$PL(db) = PL(db)urban - 2\left[\log\left(\frac{f}{28}\right)\right]^2 - 5.4 \quad (4.6)$$

Para com fator de ruído

$$PL(db) = PL(db)urban - 2[\log\left(\frac{f}{28}\right)]^2 \quad (4.7)$$

4.2.3 COST-231 Modelo Hata:

O modelo Hata é utilizado para a gama de frequências de 150 MHz a 1500 MHz para prever a perda de percurso mediana para a distância d da antena transmissora à antena recetora até 20 km, sendo a altura da antena transmissora considerada de 30 m a 200 m e a altura da antena recetora de 1 m a 10 m [5]. Para prever a perda de trajetória na gama de frequências de 1500 MHz a 2000 [MHz], o modelo COST 231 Hata é iniciado como uma extensão do modelo Hata. Para alargar o modelo Hata-Okumura- às aplicações de sistemas de comunicações pessoais (PCS) que operam entre 1800 e 2000 MHz, a Cooperativa Europeia de Investigação Científica e Técnica (COST) criou o modelo COST-231. Este modelo é derivado do modelo Hata e depende de quatro parâmetros para prever a perda de propagação: frequência, altura da antena recebida, altura da estação de base e distância entre a estação de base e a antena recebida. É utilizado para calcular a perda de trajetória em três ambientes diferentes: urbano, suburbano e rural (plano). Este modelo fornece formas simples e fáceis de calcular a perda de trajetória. Embora a nossa gama de frequências de trabalho (3,5 GHz) esteja fora da sua gama de medição, a sua simplicidade e os factores de correção permitiram ainda assim prever a perda de percurso nesta gama de frequências mais elevada.

A fórmula normalizada para calcular a perda de percurso em zonas urbanas segundo o modelo COST-231 Hata é a seguinte

$$PL(db) = 46.33 + 33.9 \log(f) - 13.82 \log(h_b) - a(h_m) + [44.9 - 6.55 \log(h_b)]\log(d) \quad (4.8)$$

Onde

$$a(hm) = [1.1 \log(f) - 0.7]hm - [1.56 \log(f) - 0.8] \quad (4.9)$$

O modelo de perda de percurso para a autoestrada no âmbito do COST-231 Hata é o mesmo que o modelo Hata-Okumara, que é dado por

Para sem fator de ruído

$$PL(db) = PL(db)urban - 2\left[\log\left(\frac{f}{28}\right)\right]^2 - 5.4 \quad (4.10)$$

Para com fator de ruído

$$PL(db) = PL(db)urban - 2\left[\log\left(\frac{f}{28}\right)\right]^2 \quad (4.11)$$

4.2.4 Modelo alargado de Hata-Okumura ou modelo ECC-33

O modelo de perda de percurso ECC 33 foi desenvolvido pelo Comité de Comunicações Electrónicas (ECC), que extrapolou as medições originais de Okumura e modificou os seus pressupostos de modo a representar mais fielmente um sistema de acesso fixo sem fios (FWA)[4]. O modelo de propagação empírico mais utilizado é o modelo Hata-Okumura, que é um modelo bem estabelecido para a banda de frequência ultra-alta (UHF). O modelo original de Okumura não fornece quaisquer dados acima de 3 GHz. Com base no conhecimento prévio do modelo de Okumura, é aplicado um método extrapolado para prever o modelo para frequências superiores a 3 GHz. O modelo de propagação proposto provisoriamente do modelo de Hata-Okumura com relatório é referido como modelo ECC-33. Neste modelo, a perda de trajetória é dada por

$$PL(db) = A_{FS} + A_{bm} - G_t - G_r \quad (4.12)$$

Onde

Afs é a atenuação em espaço livre

Abm é a perda de trajetória média básica.

Gt é o fator de ganho de altura BS.

Gr é o fator de ganho em altura da antena recebida.

$$A_{fs} = 92.4 + 20\log(d) + \log(f) \quad (4.13)$$

$$A_{bm} = 20.41 + 9.83\log(d) + 7.894\log(f) + 9.56\ \log(f)^2 \quad (4.14)$$

$$G_t = \log\left(\frac{h_b}{200}\right)[13.958 + \{5.8\log(d)\}]^2 \quad (4.15)$$

$$G_r = [42.57 + 13.7\log(f)][log(h_m) - 0.585] \quad (4.16)$$

em que f é a frequência em GHz.

4.3 INTENSIDADE DO SINAL RECEBIDO NAS COMUNICAÇÕES MÓVEIS

A intensidade do sinal recebido é uma intensidade que é utilizada para medir a potência entre os sinais de rádio recebidos [4]. Para cada estação de base, existe um limiar abaixo do qual a ligação com a estação de base ativa é interrompida. Por conseguinte, a intensidade do sinal deve ser superior ao ponto de limiar para manter a ligação com a estação de base ativa. O sinal torna-se mais fraco à medida que o telemóvel se afasta da estação de base ativa e torna-se mais forte em direção à nova estação de base à medida que se aproxima. Existe uma opção denominada Handoff se o RSS da estação de base ativa diminuir abaixo do limiar para manter a ligação. A perda de percurso é um fator importante no handoff. O RSS pode ser calculado com diferentes modelos de perda de trajetória, como Hata-Okumara, COST-231, etc.

A intensidade do sinal recebido para o modelo Okumara Hata, o modelo COST-231 Hata e o modelo ECC-33 é calculada como

$$P_r = P_t + G_t + G_r - PL - A \quad (4.17)$$

onde,

Pr é a intensidade do sinal recebido em dBm

Pt é a potência transmitida em dBm.

Gt é o ganho da antena transmitida em dBm

Gr é o ganho da antena recebido em dBm

PL é a perda total na trajetória em dBm

A é a perda do conetor e do cabo em dBm

Com o projeto existente, a fórmula para a área da autoestrada no modelo ECC-33 não está definida. Para este modelo, só é possível calcular a perda de trajeto urbano.

4.4 PROBABILIDADE de transferência

À medida que aumenta a distância entre a estação móvel e a estação de base, aumenta a probabilidade de transferência [3]. Quando o telemóvel se encontra no centro da estação de base, a probabilidade de transferência é muito baixa, mas à medida que o utilizador se aproxima da extremidade da estação de base, a intensidade do sinal recebido diminui e a probabilidade de transferência aumenta. No extremo da estação de base, a intensidade do sinal recebido desce abaixo do limiar e a probabilidade de transferência é máxima.

$$Prob\ of\ handover = (Tinit + Savg)/(Tinit + Tmin) \tag{4.18}$$

Onde,

Tinit: limiar inicial a partir do qual se inicia o processo de transferência inicial para encontrar a estação de base de destino com parâmetros adequados.

Timin: é o limiar mínimo a partir do qual se inicia a fase de execução do handoff e, abaixo desse limiar, a ligação com a estação de base atual é interrompida ou produz-se um atraso se a execução do handoff for concluída e os pacotes se perderem.

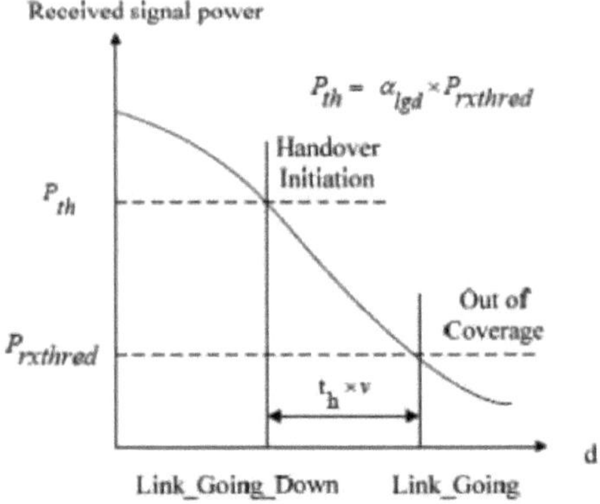

Figura 4.11 Ligação em queda

Os algoritmos anteriores de Link_Going_Down baseiam-se em limiares pré-definidos associados à intensidade do sinal recebido. Se o valor atual da intensidade do sinal recebido ultrapassar o limiar da intensidade do sinal recebido (*Prxth vermelho*), é gerado o disparo Link_Going_Down e inicia-se o processo de transferência, como mostra a figura (4.11).

CAPÍTULO: 5

RESULTADOS E DISCUSSÃO

Este capítulo inclui os resultados do trabalho proposto. Os resultados mostram a perda de trajetória para áreas urbanas e de autoestrada segundo os três modelos de perda de trajetória. Para efeitos de cálculo, foram considerados os parâmetros: frequência de funcionamento: 300 MHz, distância entre a altura da antena do emissor e do recetor: um a sete metros, altura da antena do emissor: 150 m e altura da antena do recetor: 10 m.

Os resultados mostram a comparação entre o modelo Okumara Hata, o modelo COST-231 Hata e o modelo ECC-33 para as zonas urbanas e rodoviárias de Cuttack e Bhubaneswar, e comparam também a intensidade do sinal recebido e a probabilidade de transferência para os mesmos três modelos e para a mesma zona.

Table 5.1 apresenta os parâmetros utilizados na nossa simulação.

Tabela 5:1 Parâmetros de simulação

Parâmetro	Valor
Potência do emissor da estação de base	43 dBm
Potência do transmissor móvel	30dBm
Altura da antena da estação de base	35m
Altura da antena móvel	1.5m
Ganho da antena do transmissor	17,5dB
Nível de limiar para telemóvel	-102dBm
Nível de limiar para a estação de base	-110dBm
Frequência	900 MHz
Perda do conetor	2dB
Perda de cabo	1,5dB
Perda do duplexador	1,5dB
Perda máxima na ligação ascendente	167,15dB
Perda máxima de ligação descendente	167,61dB

5.1 PERDA DE TRAJECTÓRIA PARA VÁRIOS MODELOS

A perda de trajetória de vários modelos foi calculada e apresentada na tabela 5.2 para a área urbana.

Table 5.2 Perda de trajetória para vários modelos (dB)

Dista nça	Hata-	CUSTO - 231	CCE - 31

	Okumara	Hata	
1	125.4388	125.123	119.444
2	135.9055	135.59	134.8942
3	142.0311	141.7212	144.2851
4	146.3772	146.0674	151.1061
5	149.7484	149.4385	156.4873
6	152.5028	152.193	160.9426
7	154.8316	154.5218	164.7507

5.1.1 Resultado gráfico da perda de trajetória

A figura 5.1(a) mostra os resultados da comparação da perda de trajetória para vários modelos. A perda admissível na ligação ascendente e descendente para o emissor-recetor da estação de base é de 167,15 dB e 167,61 dB. O número de handoffs por chamada está relacionado com o tamanho da célula, se o tamanho da célula for menor, o número de handoffs é máximo e o resultado mostra que o modelo de perda de trajetória que cobre a distância máxima minimiza o número de handoffs. O cálculo da perda de percurso utilizando os modelos Hata- Okumura e COST-231 é inferior ao valor-limite até 13 e o modelo ECC-33 excede o valor-limite em 3. Por conseguinte, estes dois modelos, com exceção do ECC-31, são mais preferíveis. Assim, o modelo Okumara-Hata e o modelo COST-231 Hata são melhores opções do que o modelo ECC-31.

A Figura 5.1 (b) mostra a comparação da autoestrada utilizando os modelos Hata-Okumara e COST-231 Hata. medida que a distância aumenta, o modelo Hata Okumara apresenta uma perda de trajetória superior à do modelo COST. Por conseguinte, o modelo COST é uma melhor opção do que o Hata para o cálculo da perda de trajetória em ambiente de autoestrada.

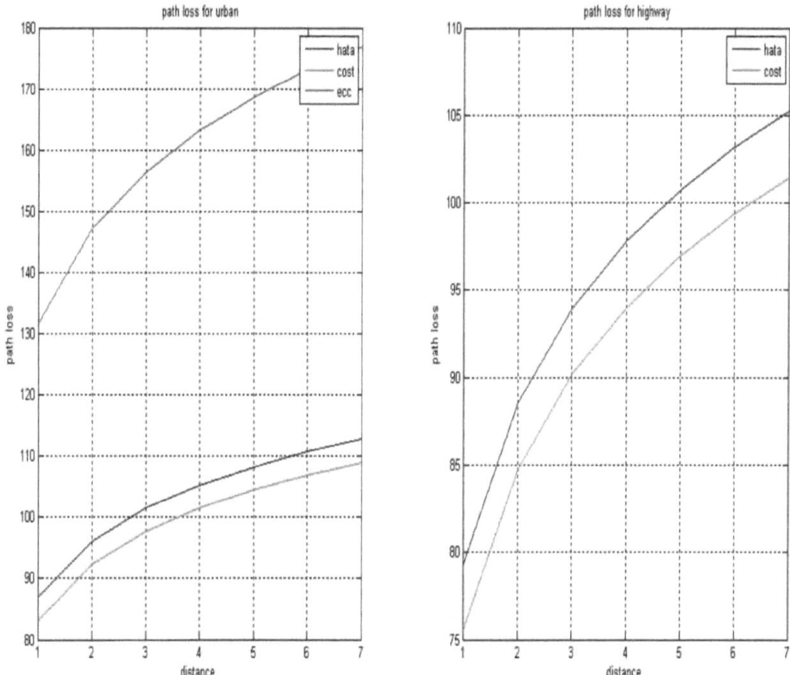

Figura 5.1: Comparação da perda de trajetória para (a) zona urbana e (b) autoestrada

5.2 INTENSIDADE DO SINAL RECEBIDO PARA A ZONA URBANA

Tabela 5.3: Intensidade do Sinal Recebido para Urbano (dBm)

Dista nça	Hata- Okumara	CUSTO 231 Hata	CCE 31
1	-35.5147	-35.456	- 60.1828
2	-44.438	-44.38	- 75.331
3	-52.905	-52.846	- 87.792
4	-55.293	-53.234	- 91.172
5	-54.342	-54.283	- 94.632
6	-53.026	-52.967	- 95.345
7	-60.429	-60.37	- 104.505

A Tabela 5.2 mostra a intensidade do sinal recebido calculada para vários modelos que foram utilizados no trabalho proposto, como o modelo Okumara-Hata, COST-231 Hata e ECC-33 numa área urbana.

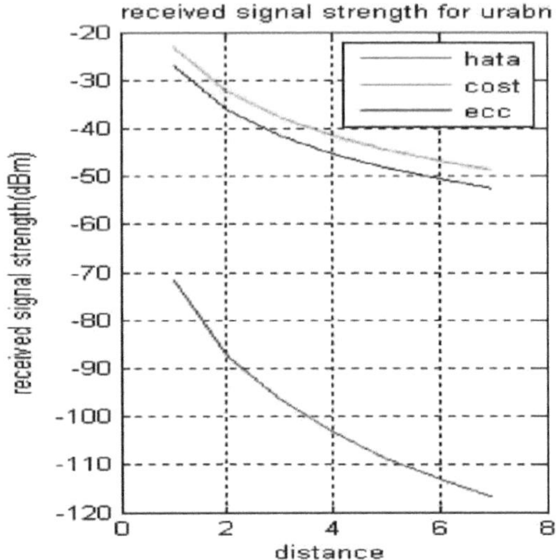

Figura 5.2 RSS para urbano (dBm)

A Figura 5.2 mostra a comparação numa zona urbana para os três modelos considerados. O resultado mostra que o modelo ECC-31 a 4Km de distância é ligeiramente superior ao valor limiar, que é de - 102 dBm. E os outros dois modelos apresentam um valor inferior ao valor limiar. Por conseguinte, o modelo Hata Okumara e o modelo COST-231 são preferíveis para uma área de cobertura máxima e ajudam a reduzir o número de transferências em comparação com o modelo ECC-33.

5.2.3 INTENSIDADE DO SINAL RECEBIDO PARA A AUTO-ESTRADA

A área geral em redor da autoestrada pode ser suburbana devido à sua localização. A intensidade do sinal recebido é também um parâmetro importante a medir na autoestrada. A tabela 5.4 mostra o RSS para o modelo Hata e COST-231 Hata com valores experimentais.

Tabela 5.4: RSS para a autoestrada

Dista nça	Hata - Okumara	CUSTO - 231 Hata	Valores experimentais
1	-25.572	-25.513	-25
2	-34.496	-34.437	-34

3	-42.962	-42.903	-42
4	-43.35	-43.291	-43
5	-44.399	-44.34	-44
6	-43.083	-43.024	-43
7	-50.487	-50.428	-50

5.2.4 REPRESENTAÇÃO GRÁFICA PARA A AUTO-ESTRADA

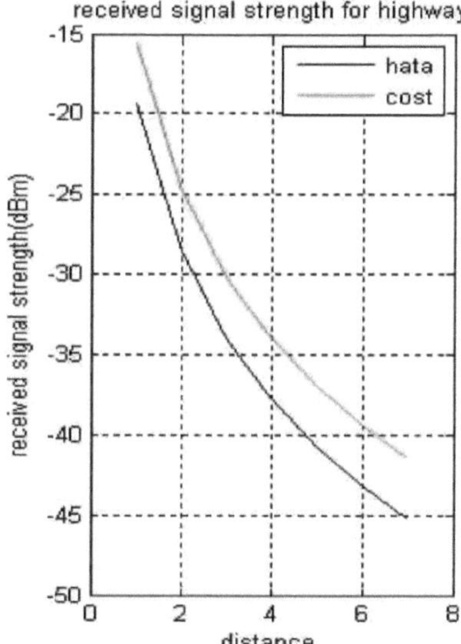

Figura 5.4: RSS para autoestrada

A figura 5.4 mostra que foi calculado o RSS para a autoestrada. A intensidade do sinal recebido para os modelos COST 231 e Hata-Okumura é calculada e comparada com os valores experimentais, como mostra a tabela 5.4. Os modelos COST 231 e Hata-Okumura suburbanos modificados para autoestrada coincidem com os valores experimentais.

5.3 RSS COM RUÍDO

5.3.1 RSS com consideração do ruído para as zonas urbanas

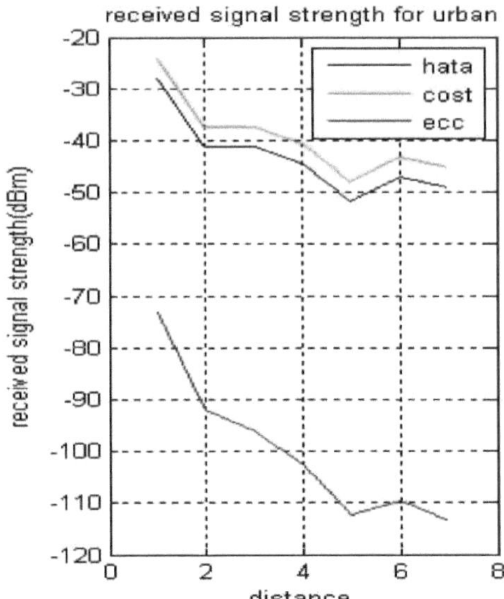

Figura 5.5 RSS com ruído para a zona urbana

A figura 5.4 mostra o valor RSS para a autoestrada com adição do fator de ruído calculado com o modelo suburbano, tendo sido adotado o fator de correção de 3 com o modelo suburbano. Esta figura mostra a mesma comparação que a anterior: os modelos Hata e COST-231 apresentaram um valor inferior ao limiar em comparação com o modelo ECC-33.

5.3.2 RSS COM RUÍDO PARA AUTO-ESTRADA

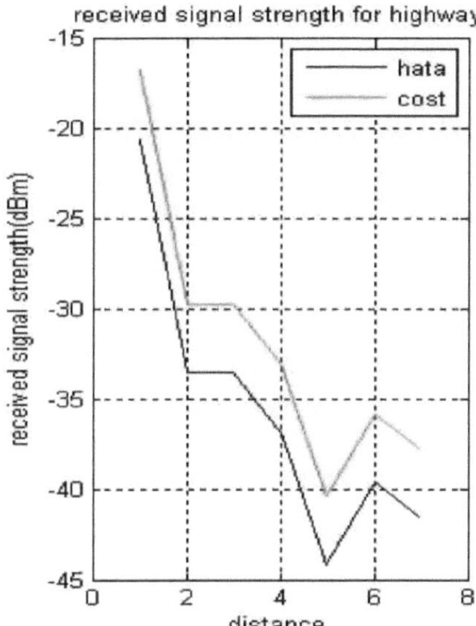

Figura 5.5 RSS com ruído para autoestrada

A Figura 5.5 mostra a comparação do modelo de propagação em autoestrada segundo o modelo Hata-Okumara e COST-231 Hata. O resultado mostra que foi calculado o valor RSS para a autoestrada com fator de ruído.

5.4 PROBABILIDADE DE TRANSFERÊNCIA

No trabalho proposto, a probabilidade de transferência foi calculada para três modelos: Hata-Okumara, COST-231 Hata e ECC-33. Para efeitos de cálculo, os limiares escolhidos são valores constantes, como Tinit definido como -80 dB e Tmin definido como -90 dB. Os resultados mostram que, à medida que a MS se aproxima do limite da BS, a probabilidade de transferência aumenta.

5.4.1 Probabilidade de transferência do modelo de Hata-Okumara para zonas urbanas e auto-estradas sem ruído

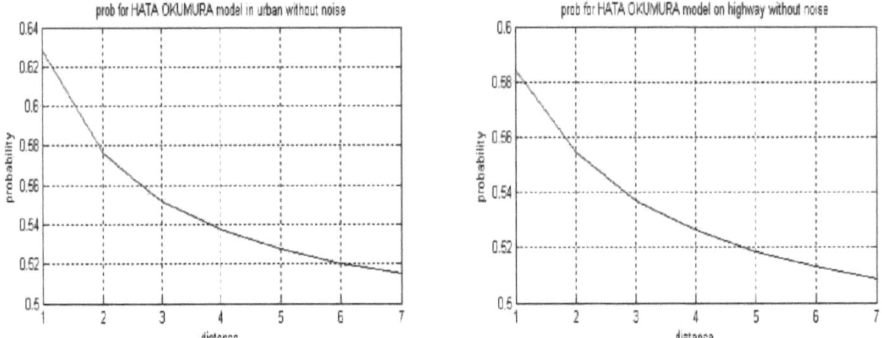

Figura 5.6 Prob de handover para o modelo Hata-Okumara em ambiente urbano e rodoviário

A figura 5.6 mostra a probabilidade de transferência para o modelo Hata-Okumara. Os resultados mostram que, à medida que a distância entre o MS e a BS aumenta, a probabilidade de transferência também aumenta. Para a mesma distância e um ponto de limiar fixo, a probabilidade é mais elevada para o modelo Hata Okumara na zona urbana.

5.4.2 Probabilidade de handover para o modelo COST-231 Hata em ambiente urbano e em autoestrada sem ruído

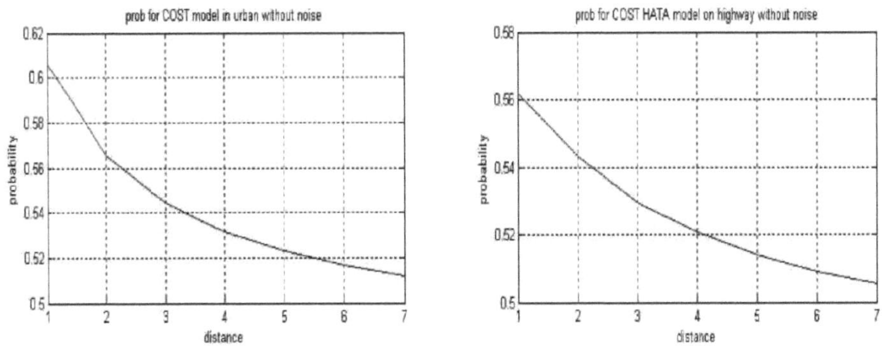

Figura 5.7 Prob para COST-231 em urbano e autoestrada

A Figura 5.7 mostra a probabilidade de transferência para o modelo COST-231 Hata em ambos os casos. Os resultados mostram que a probabilidade do modelo COST-231 Hata é inferior à do modelo Hata-Okumara para o mesmo valor de limiar e para a mesma distância. Por conseguinte, o modelo COST-231 é uma melhor opção do que o modelo Hata-Okumara.

5.4.3 Probabilidade de transferência para o modelo ECC-33 em meio urbano

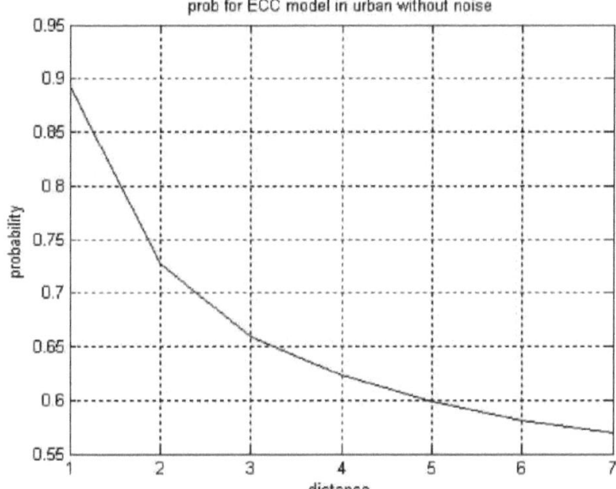

Figura 5.8 Prob. de handover para o modelo ECC-33 em ambiente urbano

A Figura 5.8 mostra a probabilidade de transferência para o modelo ECC-33 em meio urbano. O resultado mostra a maior probabilidade em comparação com os modelos Hata-Okumara e COST-231 para os mesmos parâmetros. Por conseguinte, os modelos Hata-Okumara e COST-231 são a melhor opção em comparação com o modelo ECC-33.

5.5 PROBABILIDADE DE TRANSFERÊNCIA EM ZONAS URBANAS E AUTO-ESTRADAS COM RUÍDO

O ruído é também considerado no ambiente urbano e rodoviário.

5.5.1 Probabilidade de transferência para o modelo Hata-Okumara em zonas urbanas e auto-estradas com ruído

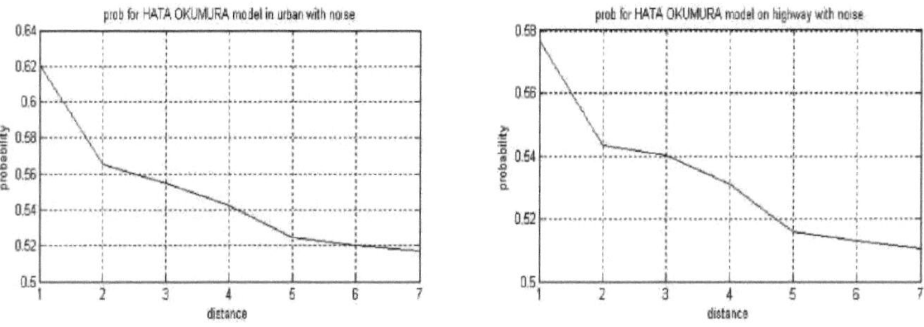

Figura 5.9 Prob de handover para o modelo Hata-Okumara em ambiente urbano e em autoestrada com efeito de ruído

A Figura 5.9 mostra a probabilidade de transferência para o modelo Hata-Okumara em zonas urbanas e auto-estradas com efeito de ruído. O resultado mostra uma variação muito pequena em comparação com o modelo Hata-Okumara sem cálculo do ruído.

5.5.2 Probabilidade de transferência para o modelo COST-231 Hata em ambiente urbano e em autoestrada com ruído

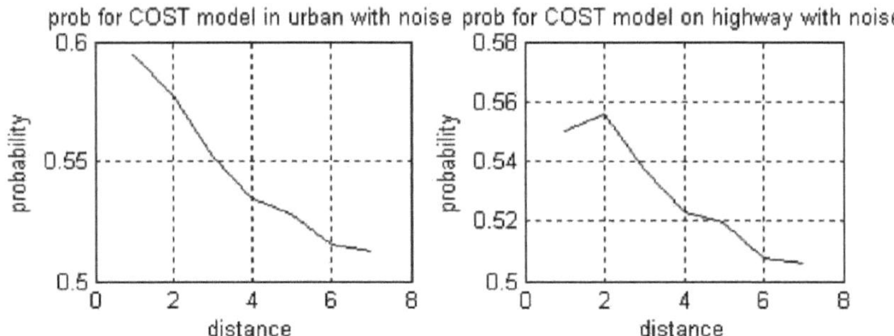

Figura 5.10 Prob de handover para o modelo COST-231 Hata em ambiente urbano e autoestrada com ruído

A Figura 5.10 mostra a probabilidade de transferência para o modelo COST-231 Hata em zonas urbanas e auto-estradas com ruído. O resultado mostra uma pequena variação em comparação com a ausência de ruído.

5.5.3 Probabilidade de handover para o modelo ECC-31 em ambiente urbano com ruído

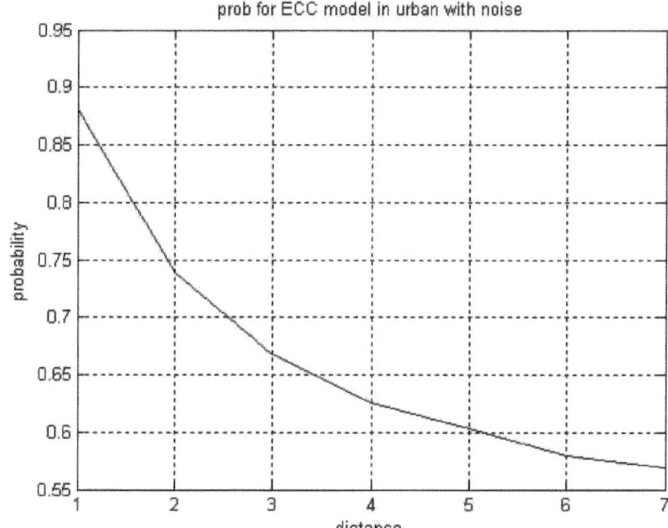

Figura 5.11 prob de handover para o modelo COST-231 Hata em ambiente urbano com ruído

A Figura 5.11 mostra a probabilidade de transferência para o modelo COST-231 Hata em ambiente urbano com ruído. O resultado mostra uma pequena variação em comparação com a probabilidade de transferência para o modelo COST-231 Hata em ambiente urbano sem ruído.

CAPÍTULO 6

CONCLUSÃO E ÂMBITO FUTURO

6.1 CONCLUSÃO

Neste trabalho proposto, foram utilizados diferentes modelos empíricos de perda de trajetória para macrocélulas que se estendem por aproximadamente 1 km a 30 km. A perda de percurso calculada pelos modelos de propagação urbana e rodoviária é comparada com os modelos existentes, como o modelo Hata-Okumura, o modelo COST 231 e o modelo ECC 33. A intensidade do sinal recebido das estações de base foi calculada e os valores calculados são comparados com os valores observados entre a autoestrada de Bhubaneswar e Cuttack. O resultado mostra que o modelo suburbano modificado para autoestrada, utilizando os modelos Hata-Okumura e COST 231, está mais próximo da intensidade do sinal recebido observada e prevê-se que seja um modelo adequado para o cálculo da intensidade do sinal recebido em autoestrada. Com este RSS para um limiar constante, foi calculada a probabilidade de transferência e comparados os resultados dos modelos Hata-Okumara, COST-231 Hata e Ecc-33. O trabalho proposto concluiu que, em todos os três modelos, o modelo Hata-Okumara e o modelo COST-231 Hata são mais preferíveis do que o modelo ECC-33 e apresentam valores muito próximos dos valores experimentais.

6.2 ÂMBITO DE APLICAÇÃO FUTURA

No futuro, os nossos resultados simulados podem ser testados e verificados no terreno prático. Também podemos obter um modelo de perda de trajetória adequado para todos os terrenos. Podem ser efectuados estudos futuros para encontrar parâmetros mais adequados para os modelos ECC-31 e COST 231Hata em zonas rurais.

Além disso, com a ajuda do cálculo da intensidade do sinal recebido, o atraso de transferência e a probabilidade de transferência no limiar dinâmico podem ser facilmente medidos.

REFERÊNCIAS

[1] Geetam S. Tomar, MIEEE e Shekhar Verma, "Analysis of Handoff Initiation Using Different Path Loss Models in Mobile Communication System" IEEE, 2006

[2] Armoogum V., Soyjaudah K.M.S., Universidade da Maurícia, Maurícia Mohamudally N., Universidade de Tecnologia, Maurícia Fogarty T., London South Bank University, Inglaterra "Comparative Study of Path Loss using Existing Models for Digital Television Broadcasting for Summer Season in the North of Mauritius" IEEE,2007

[3] Chi Ma, Enda Fallon, Yansong Qiaoz, " VOSHM: um mecanismo de transferência sem descontinuidades optimizado em termos de velocidade para redes WiMAX" School of Computing 9th. Conferência de TI & T, 2007.

[4] Ken-Ichi Itoh, Membro, IEEE, Soichi Watanabe, Jen-Shew Shih, e Takuro Sato, Membro sénior, IEEE, "Performance of Handoff Algorithm Based on Distance and RSSI Measurements" IEEE, 2002.

[5] V.S. Abhayawardhana ,I.J. Wassell, D. Crosby, M.P. Sellars, M.G. Brown, Cambridge Broadband Ltd., Selwyn House, Cowley Rd., Cambridge CB4 OWZ, UK "Comparison of Empirical Propagation Path Loss Models for Fixed Wireless Access Systems" IEEE.

[6] K.Ayyappan, P. Dananjayan, "Propagation Model For Highway In Mobile Communication System", IEEE.

[7] Z. Nadir, *Membro,* IAENG , N. Elfadhil, F. Touati, "Pathloss Determination Using Okumura-Hata Model And Spline Interpolation For Missing Data For Oman" Actas do Congresso Mundial de Engenharia 2008 Vol I WCE 2008, 2 a 4 de julho de 2008, Londres, Reino Unido

[8] S. Hemani, M. Oussalah, "Mobile Location System Using Netmonitor and MapPoint server" IEEE 2006.

[9] Biswajit Bhowmik, Pooja, Piyali Sarkar, Nupur Thakur "Received Signal Strength Based Effective Call Scheduling in Wireless Mobile Network" International Journal of Advancements in Technology, Vol 2, No 2 (abril de 2011)

[10] Tomar G.S e Verma. S, "Analysis of handoff initiation using different path loss models in mobile communication system", Proceedings of IEEE International Conference on Wireless and Optical Communications Networks, Bangalore, Índia, Vol. 4, maio de 2006.

[11] M. Hata, "Empirical formula for propagation loss in land mobile radio services," IEEE Transactions on Vehicular Technology, vol. vol. VT-29, pp. 317325, setembro de 1981

[12] J K Sharma, "Operations Research - Theory and Application", Macmillan Publishers, 3/e, 2006.

[13] http://www.coai.com/study_papers.php?val=2010.

[14] Raymond M. Bendett e Perambur S. Neelakanta, "Alternative Metrics for Hard Handoffs in Mobile Communication", IEEE, ICPWC, 2008.

[15] S. A. Mawjoud, "Simulation of Handoff Techniques in Mobile Cellular Networks", Al-Rafidain Engineering Vol.15 No.4, 2007.

[16] Ahmed H.Zahram, Ben Liang e Aladdin Dalch, "Signal threshold adaptation for vertical handoff on heterogeneous wireless networks", Mobile Networks and application, Vol.11, No.4, pp 625-640, agosto de 2006.

[17] Mohamed ouwais Kabaou, Belgacem Rhaimi chibani e Mohamed Naceur Abdelkrim, " Path loss models comparison in Radio mobile communications" , International journal of soft computing 3(2)- 88-92. 2008.

[18] V. Erceg, L. J. Greenstein, *et al.*, "An empirically based path loss model for wireless channels in suburban environments", IEEE Journal on Selected Areas of Communications, vol. 17, pp. 1205-1211, julho de 1999.

[19] T.S. Rappaport, "Wireless Communications", Pearson Education, 2003.

[20] William C.Y. Lee, "Mobile Cellular Telecommunications", McGraw Hill International Editions, 1995

[21] http ://en.wikipedia. org/wiki/orissa#Geografia

[22] http://en.wikipedia.org/wiki/Treap.

APÊNDICES

Apêndice A: Fluxograma do processo de simulação para dois ambientes diferentes

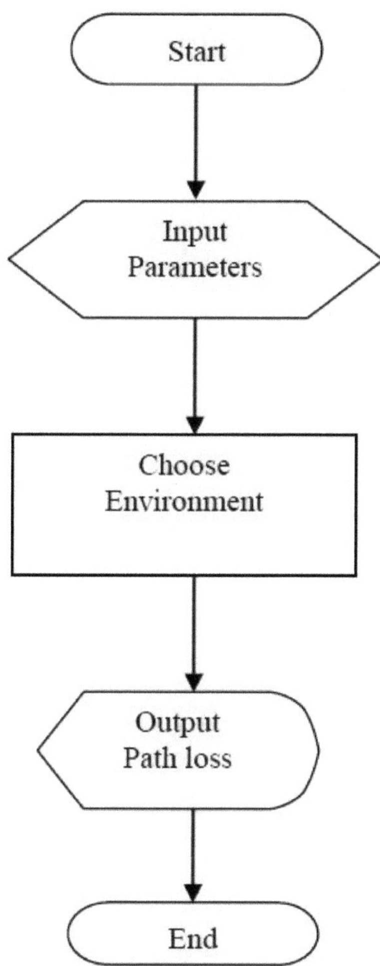

Apêndice B: CÓDIGO MATLAB

```
clear all;
close all;
clc;
```

```
hte=150; %height of transmitting base station antenna in meters
sdA=3; %standard deviation of noise for Base station A
noiseA=sdA*randn(1,50);
fc=300;  %in MHz
for d=1:7
% path loss calculation Between Mobile & Base station A for urban using hata ocumara model
CFA=((1.11)*log10(fc)-0.7)*(hre)-(1.56*log10(fc)-(0.8));
PLA(d)=AA+BA*log10(d)
% path loss calculation Between Mobile & Base station A for highway
PLUA(d)=PLA(d)-2*((log10(fc/28))^2)-(5.4)
% path loss calculation Between Mobile & Base station A for urban for cost
a=((1.1)*log10(fc)-(0.7))*hre-((1.56)*log10(fc)-(0.8))
%for highway
PL1A(d)=PL1(d)-2*((log10(fc/28))^2)-(5.4)
 % path loss calculation Between Mobile & Base station A for urban for ecc
AFS=(92.4)+20*log10(d)+log10(fc/1000);
GR=(42.57+13.7*log10(fc/1000))*(log10(hre)-(0.585));
PLE1(d)=AFS+ABM-GT-GR
% Received signal power at A without noise
SrA(d)=60-PLA(d);           % for hata okumara urban
SrAU(d)=60-PLUA(d);          % for hata okumara  highway
SrAC(d)=60-PL1(d);          % for cost urban
SrACU(d)=60-PL1A(d);          %  for cost highway
SrAE(d)=60-PLE1(d);          % for ecc urban
Prob2(d)=(Tinit-AVGAC)/(Tinit-Tmin)

% Received signal power at A with Gaussian noise sd=3
PrA(d)=60-PLA(d)+noiseA(d) ;      % for hata okumara urban
Prob9(d)=(Tinit-AVGPrAE)/(Tinit-Tmin)
PrACU(d)=60-PL1A(d)+noiseA(d) ;   %  for cost highway
PrAE(d)=60-PLE1(d)+noiseA(d) ;    % for ecc urban
Prob5(d)=(Tinit-AVGPrA)/(Tinit-Tmin)
end
% path loss plot for A
figure(1)
```

```
plot(PL1,'g');
hold on
plot(PLE1,'r');
grid;
legend('hata','cost','ecc');
ylabel('path loss');
xlabel('distance');
title('path loss for urban');
subplot(1,2,2);
% path loss plot for A in highway
plot(PLUA);
hold on
plot(PL1A,'g');
grid;
legend('hata','cost');
ylabel('path loss');
xlabel('distance');
title('path loss for highway');

figure(2)             % received signal power without noise for A
subplot(1,2,1);
plot(SrA);
hold on
plot(SrAC,'g');
hold on
plot(SrAE,'r');
grid;
legend('hata','cost','ecc');
ylabel('received signal strength(dBm)');
xlabel('distance');
title(' received signal strength for urabn');
subplot(1,2,2);
% received signal power without noise for A on highway
plot(SrAU);
hold on
plot(SrACU,'g');
```

```
grid;
legend('hata','cost');
ylabel('received signal strength(dBm)');
xlabel('distance');
title('received signal strength for highway');
% received signal strength with noise for A
figure(3)
subplot(1,2,1);
plot(PrA);
hold on
plot(PrAC,'g');
hold on
plot(PrAE,'r');
grid;
legend('hata','cost','ecc');
ylabel('received signal strength(dBm)');
xlabel('distance');
title('received signal strength for urban');
subplot(1,2,2);
% received signal strength with noise for A on highway
plot(PrAU);
hold on
plot(PrACU,'g');
grid;
legend('hata','cost');
ylabel('received signal strength(dBm)');
xlabel('distance');
title('received signal strength for highway');
```

Printed by Books on Demand GmbH, Norderstedt / Germany